가온 시인선 021

해바라기
김기수 제3 시집

이름 : 산

별바라기

지은이	김기수
펴낸이	김정현
등 록	2011년 7월 14일
발 행	2017년 3월 30일
펴낸곳	도서출판 가온
주 소	경기도 부천시 부일로 749번길 9, 4층 F2호
전 화	02-342-7164
팩 스	02-344-7164
e mail	kjsh2007@hanmail.net
ISBN	979-11-85026-53-4 03810
가 격	9,000

무단전재와 복제를 금합니다.
도서출판 가온은 농인聾人과 함께합니다.

국립중앙도서관 출판예정도서목록(CIP)
별바라기 / 지은이: 김기수. -- 부천 : 가온, 2017
　p. ; 　cm
ISBN 979-11-85026-53-4 03810 : ₩9000
한국 현대시[韓國現代詩]
811.7-KDC6
895.715-DDC23　　　　CIP2017006375

해바라기

김기수 제3 시집

◆ 시인의 말

  종종 술자리에서 에우리피데스의 "술" –술이 없는 곳에 사랑이 있을 수 없다–로 첫 잔을 시작하여 버나드 쇼의 비문碑文 –우물쭈물하다가 너 이리될 줄 알았어–으로 갈지(之)자를 긋다가, 나름 되뇌며 많은 의미를 두곤 한다.

  한 줄짜리 시구가 만리장성보다 더 크게 다가오는 것은 문장이 가지고 있는 힘보다는 내 삶에 더 적합해서 일 게다. 사실 둘은 서로 상반의 삶을 얘기하고 있는데 이쪽이든 저쪽이든 거부감이 없이 동시에 다가오는 이유가 거기에 있다고 본다. 적합하다는 거. 너의 호흡이 나와 비슷하고 너의 땀 냄새가 어디서 맡아본 듯한, 처음인데도 낯설지 않은, 그런 것들이 적합한 게 아닌가 한다. 모두가 서로에게 적합하다면 그것이 사회적 합의이자 힐링이고 비정상의 모순이 없는 건강한 사회의 뿌리가 아니겠는가? 나는 너에게, 너는 나에게 적합해……

  이 시집도 서로에게 그랬으면 하는 낙엽 같은 바람으로 그간 재여 있던 시편을 모았다. 지상의 모든 이들이 별에서 왔고 또 별이 될 사람들임을 잘 알고 그러 그러는 중에 샹그릴라에, 샹그릴라로, 샹그릴라처럼 살아가기를 바라는 마음으로 그 언어들을 인쇄한다.

  우리의 우주 애인들을 위하여……

白山 김기수

목 차

4·저자의 말

1부 짧아서 좋은

11·소중한 하루
12·당신
13·숨바꼭질
14·오뚝이
15·미소
16·나비
17·기다림
18·폭포1~3
21·뱁새
22·변명
23·소울메이트
24·법칙
25·자화상 ½
26·덤
27·낙조
28·가을1
29·난정뜰에서_행시
30·신나는 일들_행시
31·오마니 얼굴_행시
32·이상과 현실
33·푸른 하늘도 설워라
34·새
35·8.31에
36·순리
37·새가 웃을 일
38·눈1,2
40·권력1~4

2부 그리워서 좋은

46·꽃으로 오소서
48·바람이 그저
49·집시의 봄
50·그리움
51·모란꽃 피는 마을
52·고슴도치
53·샹그릴라의 언어
54·월야심경月夜心境
55·덥석 골에 빠지다
56·백 년의 일
57·개망초
58·서민살이
59·섬초롱
60·가을2
61·지상의 한 컷
62·그저
63·진달래
64·꽃이기를 거부한 꽃
65·달타령을 부르는 달
66·십오야十五夜
67·가을앓이
68·술3~9

3부 우주의 노래가 좋은

77 · 나이
78 · 별바라기
80 · 상대성 이론
81 · 날다가, 날다가
82 · 삭朔
83 · 발
86 · 뫼비우스 띠
87 · 물의 행성
88 · 빛
89 · 내 식단
90 · 두 개의 시간
92 · 일생
93 · 뇌0.15
94 · 시공을 미적분 하다
95 · 풀
96 · 표면장력
97 · 위험한 식탁
98 · 굽어 가는 것에서
99 · 무서운 교훈
100 · 밤의 찬가
102 · 별이 된 사람

4부 깊은 생각도 좋은

105 · 나는 지금 늙어 가는 중
106 · 가뭄
107 · 유울
108 · 삼자지천 三字至賤
109 · 일탈
110 · 왜가리
111 · 절.절.절
112 · 생이가래
114 · 신에게 물에게
115 · 스팸 전화
116 · 소원
117 · 풀이 눕는 이유
118 · 뒷모습
120 · 별게 아닌데
121 · 여권을 찢으며
122 · 처음처럼
123 · 괴리 乖離
124 · 막딸은
125 · 년도 변경선에서

126 · 평론

1부 짧아서 좋은

소중한 하루

어제의 하루를 건넜고
오늘의 하루를 건넙니다
돌다리 미끄러지지 않게 사뿐 사뿐히 건넙니다

오늘 하루도 무진장 소중합니다

당신

사랑하다
지치면

그래도
사랑
할사람

12. 별바라기

숨바꼭질

스카프에 가린 얼굴
바람이 들추니
앵두가 수줍게 붉더라

바람은 예고도 없이 널 데려오더라

오뚝이

네가 훌륭한 건
넘어지지 않아서가 아니라
넘어졌을 때 벌떡 일어나기 때문이다

중심이 명확하기 때문이다

미소

어둠에게
빛이 있듯

나는
너에게
찬란한 미소이고 싶다

나비

세간살이 없이도
빨대 하나로 너끈히 살아간다

밥상은 꽃밭이고
식대는 가루받이 수정이다

내 생전에,
나비처럼 진화할 수 있을까

기다림

어둠은
빛을 기다리고

빛은
어둠을 찾아 드네

내가,
너에게 그러는 것처럼……

폭포1

멈추면 죽는다
부서져야 산다

하얗게 죽어야 사는 운명이다!

폭포2

잿빛 바위그릇
얼마나 크기에
저 숱한 투정을 다 받아 낼까

폭포3

저 장대한 죽음을 보라

무지개 꽃상여 타고
하늘로 치오른다

죽음은 탄식할 일이 아니다

뱁새

떠나지 않는다
월동 준비를 하지 않는다
신호등도 없다

제멋대로 사는데도 죄를 짓지 않는다

변명

그는,
바람을 피우는 게 아니라
사랑을 피우는 거다

소울메이트

백 년 전에 만난 친구다
백 년 후까지 연인이다
나를 너라고 할 수 있는 유일한 사람이다
너는,
아로닉이다

* 아로닉 : 아가페, 에로스, 플라토닉의 합성어

법칙

지구의 물을 한 양동이 퍼내었다
질량이 그대로였다

사랑을 다 퍼주었다
남은 질량이 커졌다

사랑은 그런 건가 보다
그런 건가 보다

자화상 ½

반백半百을 데려다
거울 앞에 세우다

한참을 찾아도,
찾아도 없는

허기진 허상에
거울조차 비켜 서네

덤

인생이 덧없다 하지 마라
애초부터 덤이었다
행복을 좇다 지쳐 덧없다 하지 마라
행복도 덤이다

삶은 덧있는 일
짧지만 창대한 것이라

낙조

계절 끝 구절초는 풍상에 밀려 눕고
산비탈 궁노루는 길 잃어 우짖누나
낙조야 지지를 마라 나그네 길 섧구나

가을 1

노랗고 붉은 바람이 불어댑니다
하늘은 시리도록 파랗고
코스모스는 핑크빛으로 흔들거립니다
지구는,
통째로 무지갠가 봅니다

난정 뜰에서 _행시

난꽃 한 송이 홀연 열어 젖혀
정들면 떠나리라 잣빛향 흩뿌리네

뜰아래채 댓돌 위 늙은 검정신은
에굽은 할미 등을 타고 떠날 채비요 오호라
서운케 떠나는 것은 저리 아름다움이런가?

신나는 일들 _행시

신들린 듯 나는 울었어
나날들, 당신의 붉은 꽃잎 떨어진 날들에
는질거리는 몸뚱이 주체 못하고

일만의 인연을 거두며 울었어
들바람에 당신 꽃잎 흩보내며 울었어

울음, 그 찬란한 정화(淨化)여

오마니 얼굴 _행시

오그랑오그랑 오그라들어도
마을 어귀 흙담길에 새겨놓은
니캉내캉 소꿉 약속 단단도 하지
얼얼타 지금도 꿈으로 달려가면
굴광성 해꽃처럼 숙여 반겨 맞으리

이상과 현실

이제는 무릉을 찾아 떠나리라
상상봉 넘어 있는 어미 품으로
과거의 상흔들은 씻고 떠나리

현실은 꿈이요 미래는 달달한 것
실바람 불어오는 무릉으로 떠나리

푸른 하늘도 설워라

얼마나 그리우면 시리도록 멍이 들까
님에게 갈 길 몰라 시공만 두드리네
청잣빛 눈물 감추며 천 년 만 년 섧겠네

새

비만이 없다

날아야만 새가 되고
날아야만 자유가 되는
새는 새가 되기 위하여 제 몸을 비워야 했다

뼛속까지 비워 새가 되었다

8,31에

한 주의 시작이자
한 달의 마지막 날입니다
마무리와 시작이 공존하는 날
그러는 동안, 나는
가을로 한 발 더 다가섭니다

* 어느 08. 31

순리

구월이 간 자리로 시월이 왔어요
시월은 가을을
훌쩍 붉게 할 겁니다
뭔가는 가야만 하고 그 자리로 뭔가가 오겠지요

오늘도 작은 순리에 동참합니다

새가 웃을 일

철새에게는 철새 같은 놈
텃새에게는 텃세 부리는 놈이란다

울던 새가 웃겠다

눈1

하얀 꽃인 줄 몰랐네
하얀 별인 줄 몰랐네

밤 늦은 현관 앞
발목을 잡은 하얀 별이
시리게 웃어주고서야 꽃인 줄 알았네

소금발처럼 피었다가
전신을 녹여내는 꽃인 줄 알았네

눈2

소리 없는 백색의 아우성
전신을 태워 억세게도 사랑했노라 한 점 눈물만 남긴,

떠난 뉘의 흔적

권력 1
　　-新人乃天

구걸 전-
民心은 하늘입니다

구걸 후-
民心은 개심입니다

권력2

폭식이다
쓰고 달고 썩은 거 가리지 않고
집어 삼킨다

가끔은,
블랙홀이 체하기도 하더라

권력3

바람이 떠난 자리
레닌, 후세인 동상 같은 거

자칫, 바람보다 약한 바람이거늘……

권력4

주기 없는 발정이다
무소불위 망나니의 칼춤이다

뺏지 단 수퇘지가
암내에 환장하여
짧은 모가지를 뻗대는 일이다

한낱, 몽정에서 깨어난 신음인 것을……

2부 그리워서 좋은

꽃으로 오소서

그대
꽃이 되어
꽃으로 오소서

나
꽃술 되어
꽃잎에 묻히겠나이다

그대
꽃이 되어
꽃으로 오시도록

접동
접동
접동새 마른 울음 울고
별들은
눈물 없이
밤을 새우옵니다

꽃으로
오시라는
커다란 가슴앓이입니다

아~
내게서 멀리 핀
한 송이 꽃이여

몇 날
밤낮을 두고
천둥은 먹구름 속에서
가득
찬 울음
토하지 못하고 있습니다

마지막
꽃잎 빗물에 지기 전에
꽃으로
오시라고
말미를 주는 겁니다

그대
꽃이 되어
꽃으로 오소서

바람이 그저

매일 바람이 불어와도 말 한 번 건넨 적이 없다

등굣길 마주치던 일신여고 그녀에게
말 한 번 건네지 못한 것처럼

내가 용기 없이 살며
바람에게 아무 말도 못 했던 일
봄바람 산바람 모진 바람에게
다정히 손잡아 준 적이 없다

일신여고 그녀도 늙어 간 것처럼
늙어가는 바람에게 손 내밀어 볼 일이다
바람이 저마다 부는 이유가 있듯
그저, 삶이 늙어가는 이유에 익숙해야 할 일이다

집시의 봄

얼었던 동토의 고통은 훌쩍 잊은 듯
버들가지 파란 물 핥으며
햇살의 출처를 좇는,

상류로, 긴긴 강의 출발점을 찾아
지친 몸 방정하고
생을 마감한 홍연어 시신 같은,

하루가 막장인 양 취기가 더해지며
풀섶 너머로
강하게 아른거리는,

전신이 멍든
골다공증의 그녀

그리움

저기
빗속으로
흐리게 오는 이가 있어
그리도 찾던 너,
커피향으로 오시어
무지갯빛 되어 가소서

모란꽃 피는 마을

모란꽃 피는 마을에 가보셨나요

도시로 간 미경이 댕기머리 흩어 있는
안골댁 수수빗자루가 몽당몽당 닳아있는
울 엄마 시집살이 꼬깃꼬깃 베여있는
소꿉살림 사금파리 솥에
제비꽃 씨방 꼬들꼬들 밥알 익어가는
양지 바른 담장 아래로

검붉은 탱고치마 훨훨 태우며
밤새 익은 살살한 향기 쏟아내는
모란꽃 피는 마을에 가보셨나요
울 누이 새로 산 립스틱처럼 퍼올라
시인의 연서가 되고
별빛 허연 밤이 되고
보리수염 서걱서걱 보리밭 노래가 되는

숨이 멎도록 모란향 흐드러지는 날에는
그리워 살갗 돋도록 그립다고
버선발 몸으로 그렁그렁 서성입니다
둥기둥기 고운 임 고이 오시라고
꽃불 켜고 향불 밝혀 기다립니다

모란꽃 피는 마을에 가보셨나요

고슴도치

가시옷으로
갓난애를 품는다
억센 가시로 맹수도 물리치고 사랑도 한다
심술 난 시어머니 같은 가시지만
저에게는 최적의 진화물이다

야행성으로 살아야 하기에
사는데 불편은 없는지
도와줄 건 없는지 조목조목 따져봐야겠다
고약한 그녀의 생애에 대하여

샹그릴라의 언어

무릎 꿇고
풀에게 약속했어
이슬처럼 고뇌하리

고개 들어
별에게 약속했어
우주스럽게 살리라

가슴 열어
시공으로 저며 들어
풀처럼, 별처럼 사랑하리

모래알처럼 쌓이는
언어, 언어들
샹그릴라로 너를 들이리라

*샹그릴라(香格里拉) 중국 윈난성, 제임스 힐튼 소설 '잃어버린 지평선'에서 이상향.

月夜心境
－담장과 울타리에 대하여

담장은 누군가를 지켜내는 것이고
울타리는 누군가를 지켜주는 것이다

나는 너에게 울타리가 되었지만
너는 나에게 담장이 되어 있었다

어쩔 수 없이 난, 달 그림자 되어
너의 담장을 넘고 있었다
월담의 일이 전부가 되어 있었다

네 담장이 헐리고 울타리가 되어줄
먼– 어느 날
이미, 가슴 벅찬 일이 되어 있었다

덥석 골에 빠지다

무섭도록 깊은 골이라
세상에 체하여 골에서 나올 수가 없다
신경회로망이 포격을 당한 후의 적막 같은 것
詩세포는 파괴 되고
고동이 멈춘 심장은 주인을 잃었다
매캐한 연무 속에서
홀로 희미한 지금
향기로운 바람의 말소리는 언제 오려나
봄은 시나브로 북상 중인데

백 년의 일

인터넷 신문에 詩 한 편 올리는데 반 시간이 걸렸다
치근치근 빗소리의 모든 사연을 들어주는데 온 밤이 걸렸다
엷은 쪽달이 가고 다시 오기까지 꼬박 한 달이 걸렸다
백합이 지상을 뚫고 나와 진노랑 향기를 피우기까지
사계절이 걸렸다
꽃피우기에 인색한 백정화가 좁쌀만한 꽃을 피우는데
20년이 걸렸다
내가 너에게 전화 거는데 꼬박 반백 년이 걸렸다

백정화보다 더 인색했던 눈썹 같은 세월
백 년을 꼬박 채울,
새 일이 생긴 거다

개망초

알아주는 이 없어도
지상의 흰 별무리로 피었어

대국보다 강한 향으로
쇠별꽃 만한 심장으로
여름의 눈발처럼 출렁이며
마른 들녘 구석구석 내려 앉았지

눈밭 가득 쏟아지는 월광소나타의 여린 곡조여!

눈 녹아
마른 대궁 갈빛으로 쓰러지기까지
내게서
가장 큰 꽃으로 피어 있을

너, 꽃이여!

서민살이

누가 살면서 막걸리 한 잔 했으리라
나도 그대와
거나하게 한 잔 하고 싶다

달포 치 시간을 사립문에 매어두고
고단했을 서민살이,
조목조목 지워가고 싶다

그들도 거나하게 사랑을 했으리라
사랑하다 취했을 사진 한 장

살다간 노부부의 체취를 그리며
취한 채로 심히
시제時制를 잊혀가고 싶다

섬초롱

매서운 서릿발 어두움 끝에서
生涯의 운명을 겹도록 이었다지요

새악시 꽃가마 서낭당 넘는 길에
청사초롱 고옵게 하얀 불 밝혔다지요

그토록 궁금하던 너만의 비밀은
오늘밤 내게서 초롱치마로 피었다지요

삼백예순날 제곱 날을 잊지 못해
초롱심지 生涯를 하얗게 태웠다지요

가을2

모든 나무의 이름이 단풍나무로 불리는 계절

떨어진 잎은 모두가 낙엽이 되고
남은 가지는 모두가 앙상하다고 하고
공기의 움직임에 따라 옷깃을 추켜세우는 계절

미세한 페로몬을 감지하기 위해 바람의 맛을 보고
산하는 옷을 벗고 노을은 더 붉어지고
외로운 이는 더 외로워지고
사라져가는 것들에 익숙해지는 계절에……

나는 점점 삶에 익숙해져 가고
너는 나에게 가을이 되어다오
내 눈에 가장 화려하게 있다가 때가 되어 가더라도
앙상하게라도 남아 있는 가을이 되어다오

나뭇잎 하나 떨림에도 함께 슬퍼하는 모습으로 있다가
덩실덩실 구름 가듯 가버려도
노을 진 산처럼 의연하게 있을 가을이 되어다오
나, 그 속에서 붉게 물드는
단풍잎 하나이고 싶소

지상의 한 컷

하루는 이랬다
빨간 신호는 달리던 나를 멈추라 하고
도로는 60km 이상 달리면 범칙금을 부과한다고 경고하고
LED전광판에선 내년부턴 통학버스를 집중 단속한다고 하고
이게 다 싫으면 유턴해서 돌아가라고 하고
가로등은 서있기도 힘들어 긴 목을 반쯤 숙였고
은행나무는 계절의 끝을 노랗게 버티고 있는데

허연 낮달은 지상을 몽땅 지켜보고 있었다

그저

그저 가라 하여도
그저 오라 하여도
가신 자리 고이 두고 웃고 살리오

기러기 간 자리로
찬바람 불어오면
나도 따라 심심청산 불어 가리오

아리도록 가다가
닿을 곳이 없으면
부서져 지친 자리 꽃자리라 하리오

그저 가라 하여도
그저 오라 하여도
허물어진 심중이야 아물 줄 몰라도

해 지는 자리로
별 뜨는 자리로
임이여 설운 흔적마저 들여 안고 가리오

진달래

산비탈에서 잘려진 꽃은
소녀에게 다가와 제 스스로 안긴 꽃이다
꽃은 제 몸을 바람에 맡기며 들바람을 떨고 있다
찢겨 헤진 꽃은 배고픈 소녀 입으로
나폴 떨어져 꽃밥이 된 것이다
40년이 지난 지금 소녀는
멀리 외딴곳에서, 나보다 훨씬 큰 꽃으로 시집을 갔다
시집가는 길에 떨어진 꽃
진달래꽃은 저를 뿌려대며 누님의 길에 주단으로 깔리었다
혼신을 다한 꽃은 나머지의 내 갈망을
자신의 꽃말로 피워낼 것을 오늘도 하늘 우러러 빌어본다

꽃이기를 거부한 꽃
—장미

돌담에 이는 돌바람에
엉겨 오르며
오르며
대궁에 이파리에
애써 가시 박기를 하였지

"나는 가시넝쿨이지 꽃이 아닙니다"

꽃이기를 거부했는데
검붉도록 토해냈는데
꺾이어
백만 송이로 꺾이어
씨도 없는 꽃말만 무성하였지

거미줄도 치지 않는 녹슨 심장이
휘우청,
밤바람에 더 흔들리는
여왕이 있어
남은 꽃잎 하나로 가시 끝을 핥누나

달타령을 부르는 달

달거리도 닳았을 법한 달이
달타령을 부르네
열두 개 달이 덩실덩실 흐르네
달에 걸친 스카프가 소나무 가지를 휘감네
엉키어 설키어 휘감기고 싶어 하네
가끔은 둥글 둥글게 나타나지만
산마루 소나무는 달을 잡을 수가 없네
감질나게 비추다가 가버리고 마네
함께 밤을 건널 수는 없지만 달은 저물어만 가네
저물어 가는 달에게 절대 저물지는 말라 하네
이태백이 놀던 달을 불러보네
솔잎 끝 이슬로 불러보네
달타령의 아픔이 술잔에 빠져들어
헤진 상처를 씻으려 술을 따르는 거라네
돌고 맴돌아 겉돌기만 하는 시간은 월경처럼
무의미한 고통이네 늙지도 기울지도 말라지만
달을 부르지 못하는 밤이네 그런 밤,
비 오는 밤에는 달타령을 부르네
열두 달 조목조목 네 의미를 부여하네
행복해지라고
누군가가 행복해진다면
그때서야 나도 행복할 거라네

십오야

훤한 달빛에
귀뚜라미는 잠 없이 생을 쏟아붓고 있었다
달뜨기 전부터 사경이 넘도록 울음 치고 있는 것이다
저 울음의 뜻을 교과에서 배운 적은 없지만
분명 생애를 건 한번의 교미를 위한 것이니라
가을 풀벌레 소리는 결코 구슬픈 게 아니었다
별빛 흐름만큼 많은 음양의 교각소리
인간이나 벌레나
사랑은 본래 치열한 것이라고
그리하여 구애도 낭만적이지 않을 때가 있다
저들은 새벽닭이 울기 전에
다 울어둬야 한다는 것이다
뒷다리 얼얼하도록
날갯죽지 다 닳도록,

은하수는 하얗게 十五夜를 가르고······

가을앓이

깊은 밤
잠에서 깬 건
으스스 아려 오는 아픔 때문입니다
그간 나와 함께하던
바람이 방향을 바꾸어 떠나갑니다
푸르렀던 이파리를 탈색하고
다 떨궈내는 가을이라며
바람은 억지 쓰며 떠나갔습니다

어쩌랴,
차라리 탈색의 길로 돌진합니다

찬란한 나만의 가을로……

술 3

찰랑찰랑
한 입에
탁

달을 마셨다

술은
너를 부르기도 하지만
탁
탁
탁……

더러는
잊게도 하더라

술 4

오전에 이슬주,
오후에 낙엽주,
저녁엔 노을주가 황홀하오

여보게
박주산채 없다 말고 내오시게

술 5

감마지티피(γ-GTP)가 99란다
누가 내 간을 그랬을까?
건강검진 때 채혈한 아가씨가 그랬을 거야

결과 통보서에 쓰여진 건 "추적관찰요"다
내게 처방전은 없고
그저 미안하다
그리고 내일도 힘들 거야

힘든 만큼
더 그리운 법인데……

술 6

별 하나에
너를
별 하나에
또 너를 부른다

부르다가
부르다가
잠들지 못하는 건
쓰러진 빈 병이 울기 때문이다

하룻밤
회포 풀자던 네가
별이 다지도록
이렇게 날 구속할 줄이야

술 7

모순이다
술 마시고 해장술이다
술술 넘어간다는 것도 모순이다
넘어갈수록 늪이 되는
벗어날 수가 없는 길이거늘

보내야 하는데
보낼 수 없는 건
네가 날 점령한 후부터다
그리하여 너는
지독한 모순의 원류다

해장 후 또 그러한 것도
너에게 중독되길 바라는 거다
내 아방궁의 깊이에서 벗어날 수 없길 바라며
철저히, 중독이 되어가는 거다

술 8

술병에 술이 비었다
내 식사는 끝이 났다

어머니~
머리가 허기집니다

술 9
―365酒

이슬주 낮달주 노을주에
구름 가고

처녀주 꽃밭으로 당산나무
바람 이네
붉노란 단풍주에 설매화주
익어나니

홀로주 외로워라 사랑주가
가인일세

사랑아 사랑아 삼백예순 날
내 노래여

3부 우주의 노래가 좋은

나이

한 해
한 방울씩
담아둘 그릇 없는
들어줄 소리 없는
공전公轉의 공전空轉이
똑. 똑.
시공으로 드는 목탁의 울음으로

내가 셀 수 있는 마지막의 숫자.
그 년

별바라기

어머니는 별에서 오셨고
나는 어머니에게서 왔습니다

안개강 건너
망초꽃 하얗게 어머니는 오시었고
나는 고향 하늘 아래서
은빛 별 하나를 잉태하였습니다
이는 절대의 법칙에게 순응이었습니다

정오의 호수에
침묵의 물빛으로 휘감아 도는 사랑은
어머니의 천지창조였고
별과 나의 존재 이유가 되었습니다
별바라기의 실화입니다

그렇게 내게 별이 되어준 별은
어머니의 꽃이 되어
사자자리 은하강의 주인이 되고
우주의 일원으로 당당히 아로닉을 합니다
단 한 번의 생애입니다

밤의 바다에
이미 정해진 별자리의 전설처럼
억겁으로 이어질 수 있도록
별은 밤의 눈송이처럼 하얀 꿈이 되고 있습니다
온몸으로 나만의 우주를 지켜내고 있는 겁니다

상대성 이론

16층, 엘리베이터에 하루를 싣습니다
한 평 남짓 중력이 사라진 공간에서
서둘러 내 시간의 속도를 잽니다
무중력의 공간에 몸을 조율할 틈도 없이
무슨 일이 닥칠지 모르는 암흑성으로 진입합니다
몸은 무중력인데 뇌리는 무한중력으로 갑니다
그간 단련된 삶은 중력과 시간 앞에서 꼼짝도 못 하고
모든 생체리듬은 유전 프로그램에 맞춰 자동으로 흐르며
프렉탈 구조에 맞추어지고 피보나치 순열에 따릅니다
그러는 동안 내 몸은 무질서의 법칙에 순응하며
시간의 꼭짓점으로 한 걸음씩 다가서고 있습니다
뇌리의 블랙홀이 시간을 흡수하고
매일 엘리베이터가 질량을 지워줍니다
16층, 수직의 시간이 지난 후
수평의 시간이 흐르는 곳으로 걸어 나옵니다
사상의 지평선에서 이질의 새벽 공기를 맞으며
서둘러 특이점을 벗어납니다
중력이 복귀되고 멈추었던 시간이
쏜살같이 속도를 냅니다
내 하루의 시공은
내려갈 때 시작하고 올라와서 마감입니다

날다가, 날다가

날아가고 싶다

빛나지 않는 별이라도 좋다
하늘로
날다가
날다가
구름이거나
바람이거나
벌판을 이루는 흙이거나
먼 데 다다를 수 없는 산,
흰 눈이거나
한 줌 혼이거나

빛나지 않는 별이라도 되고 싶다

삭朔

초하루 밤하늘에 달이 없다고 우기는 건
라디오 속에 사람이 있다고 우기는 거와 같다

나도 한때는 달을
쫓던 늑대가 다 먹어 치운 줄 알았다

두 눈이 있어도
세상사 이리도 캄캄할까
삭朔은 전부를 보여주고 있는데

발
−삶은 흔적을 만든 후 더러는 잊는 것이다

1
첫발부터 삶은 동토를 딛는 것이다
가장 먼저 냉기를 맞이하고
심장보다 빨리 고통을 맞이하며
그토록 가고자 했던 길
갈 수 없는 안타까움, 그 책임을 묻는다

2
한 발 두 발 0.03초씩
발은 정확히 내딛는 현재를 모아
한 생의 시간을 만들며
우주로 한발씩 내딛는 흔적으로
사랑의 결과를 잉태한다
너무나 크게 원했던

3
그녀에게 갔다
산 넘어 과거로 갔다
우주의 미래로 갔다
돌아오지 못함에 대하여
밤새 책임을 추궁당하고
앓아누웠다

그녀의 발도 앓아누웠다

4
우울함도 슬픔도 지울 수 있도록
발이 데려가는 과거
삶은 더러는 잊는 것이라고
잊을 만큼의 힘으로 흔적을 누벼놓는
그러나 추락하지 않도록 지탱하며
발등에 불이 떨어졌어도
여유롭게 잊을 건 잊도록
언제나 출발은 발에서 하는 것이라고

5
나무가 하늘을 지향하듯
발은 늘 어디론가 떠난다
무엇도 가질 수 없는 그런 모습이지만
삶을 향하여 떠난다
늘 사랑을 찾아 떠나고
또 떠난 자리로
그녀를 위하여 되돌아온다

6
오늘도 웃으며 한 해를 넘기자
넘어가는 달력 앞에서
결과 없는 성적표가 짓누른다
발등의 불이다
정확히 인식한 현실은

0.03초를 아까워한다
그러할수록
더 느리게 더 단단하게
사랑의 걸음을 점검해야 한다

7
언젠가는 내가 가야 할
우주이지만
발은 현실을 디뎌야 한다
공간에서 내려와
흙을 밟아야지
발이 흔적을 만들며
바삐
생의 걸음 걷는다

*인간이 현재라고 인식하는 순간의 시간이 0.03초라 함

뫼비우스 띠

왔던 길로 돌아갈 수 없다
처음의 나에게로 돌아갈 수 없다
출발점을 찾지 못한다는 것은
이론상 상식의 위반이지만
저의 길을 다시 갈 수 없는 건
우주의 규칙상 공평하기 위함이다
빛이 물리적 절대 기준이라면
공평은 인간에게 절대적 기준이다
시작이 끝이고 끝이 시작이라는
이런 모순을 가진 진리를 증명하기 위하여
나를 탄생시키고 이를 예로 들어
폐회로의 띠를 마련한 것이다
어디에서 시작해도 좋은 것이고
어디에서 끝이 나도 공평한 것임을
모순을 통하여 진리를 말하려니……;

이만 갈음한다

물의 행성

평생을 이동하는 누우 떼도
평생을 제자리에 있는 초목도
물의 길을 찾는 거다

숱한 입자의 물안개가
한 덩이의 크나큰 바닷물이 되고
다시 물안개 되어
한 방울 생명이 됨을
새벽의 사막도마뱀붙이도 알고 있다
한 방울씩
한 방울씩 생명으로
생명으로
지구는 물의 행성을 이루어 낸 것이다
소중하기에
한 방울의 소중함 때문에
지구는 물의 일을 낱낱이 기록하고 있는 거다

지능의 오류인가
물의 행성에는 물의 길을 모르는
호모 사피엔스 한 종種이 살고 있다

빛

의문의 여지도 없는 의문이
뿌리의 뿌리를 찾기 위한 목마름으로 왔어
핵융합 후 잊어버린 질량이 빚은 빛임을 깨닫고
빛은 결코 화려함이 아닌 태고의 산고라고
미립자의 결합이 곧 천지의 요소라
가장 작은 것이 가장 큰 것에 대한 답을 주었어
이 사건 후 나는 인간으로 한층 진화했고
내 뿌리에 대한 갈증을 푸는 환희가 되었지
길고 짧은 파장들이 합쳐
암흑으로의 소멸이 아닌 밝은 투명으로 발현한 건
우주창조 정신인 게야
있고 없고, 검고 희고, 음과 양 그리고
사랑과 이별에 대한 원초적 고뇌라고

빛은 별이 되고
별은 빛이 되고
이미 내 망막을 통과한 당신이여
아직도 달려오고 있을 까마득한 날의 당신이여

내 식단

내겐 밥상이 필요 없소
밤이면 어둠을
봄이면 햇살을
산사의 종소리 은은히
숨어있는 웃음을 찾다가 허기가 져도 웃지요
가까이서도 보이지는 않는 행복보다
밥상에 숨겨져 있는 공허를 찾아 마셔요
1식 3찬도 필요 없소
꽉 찬 위가 버겁다며 비워내는 이물질들
까르륵 빈창자로 흐르는 물소리 좋고
삼시 세끼 밥상보다
가뭄에 자라나는 공백을 더 좋아하지요
그렁저렁 살지요
그러한 허기진 사막이라도
지탱할 사랑 한 줌 있다면
우주에는 먹을 게 지천이요
이것이 내 전부지요

두 개의 시간

지구가 태양을 딱 쉰 바퀴 돌고
절반 정도 자전했을 때
붉은 핏덩이 아이가
울음, 첫울음 크게 울었던 아이가
정확히 지금 이 시간
해를 서산으로 넘기려는 이 시간에
어쩌다가 어쩌다가 머리가 허예지고
팔자걸음에 술 냄새 밴 전형적인 성체가 되어
아기의 첫울음, 그 소리를 추적하네

두 개의 시간이 평행 선상에 배열되어
변했을 리 없는 혈액형과 유전자를 비교하네
그 시간의 태양과 지금의 태양처럼
무엇이 변했는지 알 수도 없어
본능으로 울었네
아이의 울음으로 울었네
사랑 한 번 해본 적 없는 아이
사랑 한 번 받아본 적 없는 아이
그리하여 행복하다고 한적이 없었던 아이는
흐름이 뒤틀리는 강물처럼 울어
그렇게 울었어
울다가 눈물이 없는 성체 아이는
핏덩이 아이의 행복했을 울음을 그리워하네

겨울 한복판에서
두 개의 시간이 우네
변한 것과 변하지 않은 것에 대해 평가를 하며
울음의 맛을 비교하네
이미 해는 지고 없는데……

*생일날, 탄생의 시간과 지금의 정확히 그 시간에서.

일생

3할은 잠자는데
3할은 죽을 걱정하는데
3할은 살자고 애쓰는데

그래
1할이 남아 진정 일생인갑다

뇌 0.15

한 줌 머릿속에는 특수 사진기가 들어있다
영원히 지워내지 못할 선명한 물체들
—아인슈타인의 장방정식, 순애보, 눈물과 바람,
이미 돌아가신 별들— 을 찍어 두었다

언젠가 내 사인死因의 증거들을
타임캡슐로 보관 중이다

0.15리터에 이승, 저승 다 들어있다

시공을 미적분 하다

안개 짙은 새벽 가시거리가 짧다
막힌 공간, 저곳으로 몸을 옮기니
안개는 물러나며 가시거리를 내주었다
가는 데로 길은 열리는 것
보이지 않는 것이 두려운 일은 아니다
보이지 않은 미래는 늘 궁금하고 두려웠다
스무 살이 되면,
서른이 되면,
마흔이 되면, 하며 하던 질문들
쉰이 넘어 지금의 좌표를 알 듯
먼~ 미래도 그곳에서 알게 될 것임을
오전의 안개는 안 보이게 하는 게 아니었다
시간의 불투명은 공간의 안개처럼 그렇게 존재하는 것
보이지 않는 것에 대하여 염려할 게 아니다
<u>스스로 그곳으로 다가가 보아라</u>
스스로 시간을 미분하고 공간을 적분하라
내가 보이는 시점에 나는 늘 존재하는 것을
빛이 있는데 빛을 보지 못하고
안개 낀 공간, 그곳이 보이지 않는다 하는 오류
이제는 이미 정해진 길을 가는 것이다
우주를, 당신을 사랑하는 이 길로 가는 것이다
몸이 더는 빛도 어둠도 무의미하다 할 때까지
내 시공의 문제를 쉬이 쉬이 받아내는 것이다

풀

풀이 눈물을 흘린다
한낮 불볕의 갈증과 바람의 성화도 견뎌내더니
밤의 고요에는 울고 말았다
풀잎마다 별을 내려 담고
지상의 일을 다 말하지 못하고
차마 고요의 눈물을 흘렸다
낮보다 밤이 두려운 풀은
눈물로 내 발목을 잡으며
별들이 가진 의미를 낱낱이 일러 주었다
내게 서서히 별이 되어가는 길을 일러 주었다
낮의 흔들린 만큼 밤의 사연이 많은 것이다
네게서 내가 위안을 받고
풀은 풀끼리 뭉치기로 한다
풀이 거목이 될 수 없지만 저희끼리 흔들리며
별이 되기로 한다
밤의 눈물로 이야기하는 풀
밤새 별을 품었을 너의 눈물을 생각한다

표면장력
−서로에 대한 이끌림의 비밀

살갗이 처음 닿는 부분을 계면으로 하고
그 얇은 자존심으로 서로는 범하지 않았지
극미 거리의 벽을 어떤 힘과 용기로도 뚫지를 못했지
아니 범하지 않으려고 서로를 배려한 것일 수도 있어
가장 무너지기 쉬운 벽을 가장 힘들게 지켜냈던 거야
간격끼리는 그만큼의 간격이 더 친숙해
간격을 깨버리기가 어지간히도 힘들었던 게야
더는 가까이할 거리가 남아있지 않기 때문이기도 하고
작은 숨소리에도 터질듯한 긴장된 순간의 순간을
서로는 온 힘을 다해 지탱해준 거야
배척이 아닌 끌림으로 버텨 낸 것이지
극소한의 너와 극소한의 내가 절대평형이 무너지는 날
서로는 각자의 전부를 던져버리는 거야
이끌림, 그 힘의 비밀은
가장 미세한 거리에서 무한의 힘을 발휘하는 거라고
그런 이끌림을 주체할 수 없을 때
둘 다 무너져 하나로 다시 살게 되는 거지
결국 이끌림은 生의 클라이맥스였고
인연을 견고하게 하기 위한 반작용이었던 거야

표면장력이 사라지는 순간은,
우리의 비밀이 풀리는 순간은……

위험한 식탁

주검의 찬양가이다
숟가락 젓가락 장단에 맞춰
목구멍으로 밀어 넣는 시신들의 파열음이다
목구멍은 부서진 파편만을 삼킨다
지구상의 온갖 생명을 해체하여
미각을 돋우고 군침을 흘리며
내 영양분으로 또 밑거름되어주도록
가지런히 상차림을 하는 거다
쌀의 무덤과 산채의 주검과
가장 친근한 동물들이 앞다투어 식탁을 찬양한다
어느 누군들 이 주검 앞에 서지 않을 수 있으랴
나는 뉘의 식탐 하에 희생양이 될까
거대했던 나의 근육들은 미생물 앞에 누워
가장 작은 물질의 모습으로 환원하리라
사람의 형상으로 있었다는 건 기억되지 않는다
그간 내가 취했던 생명에게
거듭 미안하다
살아 있다는 건 미안한 일이기도 하다
별처럼 미생물처럼 본연의 위치로 복귀하는 길이다
내가 너의 별이 되기까지는
내 사랑의 원천이 되어다오
내 식탁에 사열된 별들이여
나는 오늘도 위험한 별의 파편을 삼키고 있다

굽어 가는 것에서

그런 거야 우주스럽다는 거야
고금을 막론하고 굽어 간다는 건 순리의 길이라
휘어진 산 능선이 있어 겸재는 진경산수화를 낳았고
단원은 서당, 씨름, 대장간, 타작, 빨래터에
등 굽은 이들을 불러와서야 명작을 낳았지
산등성이 같은 소 등의 힘으로 조상은 빌어 살았고
거북의 등도 더 둥글수록 노런하고 아름다운 것이라
지구를 반 바퀴 돌아온 연어의 등도 붉게 휘어져야
암컷의 아랫배에 방정할 수 있고
수숫대 모가지 낭창낭창 굽어지고서야
세상사 인간미가 누렇게 익었을 것이라
둥근 초가지붕을 닮아가는 아버지의 등에서
자연스러움을 보았고
무너지는 흙담 볏짚 이엉이 편안한 것도
무한의 순환소수처럼 둥글둥글하기 때문이라
이는 우주 속에서는 무생물도 생명이 있어서지
그런 거야 굽어 간다는 건,

무서운 교훈

태어날 때 나는 울었고 주위 사람은 웃었으나
나 죽을 때는 나만 웃을 겁니다

나는 태어나면서부터
모르는 사이 죽음을 시작하였습니다
시간에 의해 세포는 하나씩 파괴되고
결국 고성의 성곽 같이 무너집니다
나는 시간에게 타살됩니다
태어남이 시간에서 시작되었으니
죽음은 시간에게 맡겨야 합니다
시간은 앞으로만 흐르고
나는 그만큼 뒤로, 뒤로 밀려납니다
밀려난 만큼 맥박은 점점 늦어지고
그러다가 어느 정지하는 순간이
주어진 내 시간의 소멸입니다
그때를 위해 초연이 연서를 써둬야 합니다

탄생은 결국
마지막 미소를 준비하라 가르칩니다

밤의 찬가

몰래 나만의 여행을 준비하며 밤으로 든다

하루는 지구를 두 쪽으로 갈라 절반은 빛을 주고 절반은 빛을 앗아가 밤을 주었다. 개인적으로 낮보다 밤이 좋다. 낮에는 모든 것들이 깨어 있어 시끄럽고, 생계를 책임져야 하는 압박이 있고, 미운 전화를 받아야 하고, 웃음 없는 사람을 만나야 하고, 못된 뉴스거리들이 쏟아져 나오고, 3차원으로 분석하기도 힘든 세상 4차원에서 11차원을 생각해야 하고 그러기에 뒷골이 무겁고 눈알은 침침해지며 식욕이 없다. 누가 나를 밤으로 데려가다오. 낮에 부르는 노래는 이것저것 잡소리에 뒤섞여 소리 나질 않는다. 그렇게 부딪힌 소리는 방향을 잃고 표류하다 사라지기 일쑤다. 더는 노래를 부를 수가 없다. 새들도 그걸 알고 노래하지 않는다. 벌레들도 밤으로만 우는 이유가 제 목소리를 내지 못하기 때문일 거다. 밤으로 가자.

無, 없는 것도 없는 것이
'전부'가 된 1300해 km 아득한 곳
꿈으로나 닿을쏘냐
감히, 아무 말도 못 하겠다.

누구도 없는 밤. 혼자 전부를 가지는 밤. 내가 지구 역사를 밤의 역사라 하고, 우주를 밤의 우주라 한다. 보이지 않는 암흑에너지, 암흑 물질이 전부이고, 별과 지구와 너와 나 그리고 호흡하는 모든 물질은 극소이니 당연히 우주는 밤이다. 그리하여 우주는 어둠이다. 우주로 가자. 벌레들 울고 뒷골의 무거움을 부리고 술잔이 비워지고 채워지는 밤으로 가자. 텅 빈 어둠은 나를 채우고 그러한 나는 어둡지만 아름다움으로 가득하다. 어둠 속에서 웃는다. 별도 웃고 내 잠자리도 웃는다. 그러는 중에 책장을 더듬고 시를 낳는다. 낮 동안 배제했던 빛을 그리워도 하고 또 시공은 초월 되어 광년을 드나들며 별자리 여행을 계획하고, 먼 어딘가에 있을 나만의 여인의 방도 자유롭게 드나든다. 또 이 나이까지 낮에 못 이뤘던 꿈을 점검하며 다시 일으켜 세우며 즉시 이뤄내기도 하는 밤, 밤은 적어도 내게는 전지전능하다. 어둠을 진한 쪽으로 깊게 파고든다. 감정의 골이 깊어지도록 어둠은 내 철학의 길은 내어주고 차원을 단순화한다. 평면만이 존재한다. 시공은 초월 되고 과거와 현재와 미래가 공존하며 서로를 위로한다. 낮에 죽어 있던 감성을 깨우고 나만의 역사를 세우는 거다. "아로닉"을 점검하고 "우주스러운" 것들을 정립한다. 그렇게 오늘 밤도 이미 약속된 대로 밤은 새벽까지만이라며 지구가 반 바퀴 돌고서야 어둠을 맺고 빛을 부른다.

차가운 공간에서 유성은 매일 밤 분신하는 거다.

별이 된 사람

욕망과 사랑의 치열한 꽃밭에 머물다
제 비밀번호 하나 챙기지 못하고
모조리 남긴 채
비바람에 꽃잎 떨구듯
그렇게

그럴 것을
빗물에 꽃가루 두어 개 수정하고
흙으로 시공으로
온전히 양자 세상으로 자유 비상을
대기 중인

현재를 건너
별이 되고자 멋진 단풍이 되고자
짧은 지구 나들이에서
어머니가 주신 별자리로
영원의 이부자리로
향하는

사람아
이승에서는 울지 마라
별이 되어 내내 눈물 꽃 찬란할 것을
별빛으로
죽어 살아갈 것을

4부 깊은 생각도 좋은

나는 지금 늙어 가는 중

청춘을 돌려달라 하지 마라
한 발짝씩 늙어가는 이 순간도 아름다움이라
어느 스님의 무소유를
늙어 감에 눈썹만큼 알게 되는 것을

각질만큼 내려놓는
늙음의 길이
얼마나 아름다운 본능의 행적이더냐

세월이 쏜살같다 탓하지 마라
출세와 먹잇감을 쫓는 하이에나처럼 살아온
청춘, 돌려 달라 할 필요가 없다

죽음조차 용서할 수 있는
내가 가는 늙음의 길에
때늦은 사랑만이 남았노라고

가뭄

비가 저리 오는데도 내 정원은 가뭄입니다

젖어도 젖어도
흙이 갈라지고 목마른 것은
시드는 꽃을 방관할 수밖에 없기 때문입니다

무거운 세월에 주름진 나의 꽃잎은
암술마저 떨궈내고는 이참에
여자이기를 마지막으로 정리 중입니다

푸르른 페로몬 향 피우며 텅 빈 정원에
꽃이 되어 준 꽃이여
빗방울 하나가 마지막 씨방을 데려가는 날
내게는 천둥소리마저 귀 먹고
울음은 산머리로 부서집니다

지금, 붉었던 해가
어제와 같은 자리로 지고 있습니다
가뭄은 깊어만 가는데 내 자리는 정처를 모릅니다
여전히 모르고 있습니다

유울

거울은 나를 보게 하고
유리는 밖을 보게 한다

거울은 나를 성찰하라는 것이고
유리는 세상을 투명하게 보라는 것이다

안과 밖을 동시에 볼 수 있는
유울은 없는 일인가 보다

삼자지천(三字至賤)

남자는 태어나서 세 번만을 울라 하였고
어둠을 물린 빛은 빨. 녹. 파가 삼원三元이지
밤하늘 삼태성이 힘을 내는 것은 셋이 모였기 때문이고
우리 조상은 우주를 天. 地. 人 삼재三才로 정의하였으며
가위. 바위. 보도 삼세번이고
시작은 하나. 둘. 셋에서 시작하고
끝날 땐 삼진아웃으로 끝나지
삼발이, 삼각형, 삼각관계는 삼대 축이 그 존재가 되며
삼 년 고개는 넘어질 때마다 삼 년씩을 더 살게 되었고
옛날은 삼 년 탈상을 했고
작금은 최소 삼일장을 치러야 하지
부자 삼대 못 간다 하였고 멸하는 건 삼족이었지
삼. 육. 구는 삼의 배수 게임이고 구구단도 따지고 보면
삼의 배수이고 백수白壽는 삼의 33배수라
삼천리강산에 삼척동자도 삼강오륜은 기본이었고
비운의 삼천궁녀와 세 갈래 길 삼각지도 익히 친근하며
기미년 독립선언서에 서명도 33인이 하였지
한 평이 3.3제곱미터이고 時調도 삼 장으로 되어야 하고
셋째 딸은 얼굴도 안 보고 데려간다 한 것을 보면
우리 조상님들 三字를 엄청 좋아하신 거라
난세에 삼고초려는 대망의 뜻이 되었고
나무 목木도 셋이 모여야 진정한 삼림森이 되고
참을 인忍자 셋이면 살인을 면한다 하였으니
작심삼일 헛다짐 집어치우고 만세삼창 기를 넣어
삼자 지천 삼삼한 세상에 적극 참여하심이 어떠하온지

일탈

바람처럼 일탈이고 싶다

성공하지 않아도 좋고 서울은 모로 가도 되고
약속 시간에 늦어도 좋다
삐뚤삐뚤 흘려 쓰는 글씨가 좋고
구부러진 이랑에서 이탈한 무청이 좋고
방금 핀 꽃보다 지고 떨어진 꽃잎에 눈길이 더 가더라
벌목된 동네 민둥산도 처녀 가슴처럼 볼품이 있고
비탈밭 구석에 출처 모를 개똥참외가 좋고
년 중 휴가는 아등바등 떠나지 말고
심심한 건강식 반찬보다 맵고 짠 붉은 찌개가 좋다
결혼은 악착같이 백년해로를 안 해도 되고
속세에 살든 산속에 살든 전부가 고독이어도 좋다
언뜻 내 나이를 기억 못 해도 좋고
빨강 신호등은 슬쩍 지나가고
할머니 제삿날은 그냥 건너가고
처자식의 생일을 훌쩍 건너가도 좋다
혼자 된 늙은이가 재혼, 삼혼이어도 되고
굳이 국가에 혼인신고 없이 살아도 좋다
늙어 가는 것을 봄의 꽃이라 하며 기뻐할 일이고
나에게 지난 십 년을 돌려주지 않아도 좋다

삶과 죽음은 바람이라
국경선과 밭이랑을 구분하지 않는 바람
바람처럼 일탈이 좋다

왜가리

외다리로 서서
긴 목을 뒤로 꼬아
부리를 날개 죽지에 꽂아 넣고 잠자는
왜가리를 보았다
천적이 없음을 알았을 때 취하는
가장 편안한 자세란다
인간이 흉내 낼 수 없는 모습으로
가장 평온하였다
왜가리는
외다리가 가장 평온하였다

절.절.절

절망하지 마라
절박한 만큼 절정으로 가리라
살다가 문득 목표가 사라진 일,
이루지 못한 사랑의 일,
틀어진 계절에게 순리가 뭐냐고 따지며
페시니즘을 즐겼던 일
직접세 간접세 준 조세에 탁탁 털리고
국가가 내게 해코지만 한다는 것에 대하여
찬양하라 그리고 절규하라
골.골.골 깊이 목마르고 사랑에 절규하라
우주 한 켠 깊숙이 너를 절대자라 놓고
네게 주어진 시간을 경애하라
生涯에 대하여 절절히 사무치면
절묘함으로, 그 절정에 서리라

생이가래

지금 헛간은 임자 없이 차근히 퇴색되는 중
지게 바소쿠리 낫 호미 괭이 쟁기 도르께 가래 써래
망태기 삼태기 구시 절굿공이 홍두깨 소쿠리 멍석
다래끼 둥구매기 갈퀴와 망치 끌 정 빠루 짜구 뺀찌
연장들이 늙고 분해과정을 거치고 있는 중
아버지에서 거미의 집으로 또 벌레의 은신처로
주인이 이동 중
누가 손을 놓으면 누가 손을 잡아주는,
소중한 것을 버리니 거미들에게서 소중해지는,
한때 우리 식구의 긴요한 때꺼리요 학비요
재산이었을 것들이 지금 옛 주인의 숨소리를 잃고
새로운 주인들의 숨소리로 공사 중이다
인적 없는 농구들이 누구에게서 되살아나고 있는 중
생기를 잃는 게 생기를 얻는 길이 된다는 것
헛간에 추가된 건 손댈 수 없는 시간뿐
더 이상 헛간에 연장을 추가하지 못하는 당신
부평초가 부유물처럼 떠오른다
연습 중이다 밭떼기 경작권도 넘기고
당신의 키를 줄이고 무게를 줄여 나간다
잃어만 가는 와중에 강해지는 건
농도 짙은 인(人)내뿐 가까워진다
뭔가가 가까워짐을 알고 연습 중이다
봄날 무논 써래질에 이리저리 내몰리던 생이가래

그 숱한 생체生體 중 부유물 한 포기로 쓸리다가
쓸리다가 바람에 밀려갈 생이가래!
잃으면 얻고 커지면 작아지고 가까워지면 멀어지는 것
그렇게 시계의 법칙에 균형을 맞춰가고 있는 중
작아지고 줄어드는 것은 목젖 끈끈한 일이라
누군가 어김없이 답습해 갈 저 生의 가래여!

신에게, 물에게

신은 왜
못다 핀 꽃들은 무더기로 꺾어버리고
비열한 자에게는 구원을 주셨나요?
물은 왜
생명을 잉태시켜 주더니
또 잔인하게 생명을 거두어 갔나요?

굳게 믿겠나이다
비겁하게 살고자 한 자에겐 고통을
꽃같이 죽은 자에게 영생을 베푸시는 거라 믿으렵니다

세월이 밉다 밉다 하는데
이렇게 미울 줄은, 차마 신에게 따지겠습니다

부디 극락왕생 하소서
세월을 당겨 간 우리의 핏빛 꽃들이여!

* 2014.4.23 세월호 참사에

스팸 전화

폰 속 여인의 목소리
감질나고 간절하고 강렬하고 여린데

느닷없이 축하한다면서 양평에 콘도가 당첨되었다고
딸이 신문사 다니는데 주간지 좀 구독해달라고
역세권 땅이 너무 좋다고 하고
카드사는 저이자 할부 쓰라 하고
은행 팀장님은 대뜸 선물 들고 온다 하고
보험사는 잠시 설명만 들어보라 하는데
그때마다 나는 늘 회의 중이었지
물론 죄송하다는 말도 항상 덧붙여줬지

젠장, 스팸에게도 죄송하게 살고 있다
(제대로 휘말려 대패한 전적이 있다)

소원

우수 지나
내 소원 빌던 대보름은 기울고
오지 않을
나의 봄을 기다리오
작년 겨울
죽음으로 쓰러진 우리 세포들의 향연을 기억하며
피지 않을
찬란한 봄을 기다리려오
잊고 잊고
하늘 밑도록 눈발 하얗던 날을 잊고
죽어가는 보름달을 헤아리며
트지 않을
운명의 씨앗을 기다리려오
내게는 없는 봄 당신에게 오리라 믿습니다
오고야 말
당신의 봄에는 하얀 보름달도 뜨겠지요
당신에게
보름달 뜨거들랑 소원 하나 들어주시구려
새끼손가락이 약속했던
하찮은
소원 하나.

풀이 눕는 이유

술 취한 밤이 눕는다
술 덜 깬 아침이 일어선다
일어서다 눕는다
이슬의 무게를 못 이겨 풀이 눕는다
취기에 절인 풀은
번식 행위를 못하고 갈증을 갈망한다
그리하여 취한 날이면 더 간절히 눕는가 보다

목마른 풀
오이냉국 한 사발 없는 날
속이 헛헛하다

뒷모습

너를 보내야만 하는 일,
엔도르핀이 죽고 언어 자체로 쓸쓸한 모습이다

세상사 돌아서지 않고 살 수는 없는 일
우리는 스스로를 맹수에게도, 사랑하는 이에게도
뒷모습을 보일 수밖에 없는 노릇이다
돌아서야 돌아올 수 있는 일이기에
우리는 매일 뒷모습을 꺼내 놓아야 하고
하루든 평생이든 서로의 뒷모습을 보고야 만다
뒷모습이 없는 사람이 어디 있으랴
네가 보여준 뒷모습과 내가 보내 준 뒷모습에는
덜 삭힌 감 맛이 있고 희뿌연 바람의 훼방도 있다
이빨 빠진 제기그릇 같기도 하고
향기도 없는 폐기용 장미꽃 같기도 하다
삐쭉 빼쭉 하이힐 구두 소리가 들리고
하루의 녹내를 절반씩 나누어 서로는
달의 저편을 걸어가는 거다
어쩌면 이러한 불가사의한 일들이 내일의 약속이라
씨앗처럼 햇살을 기다리는 고독에도
내 생애의 기쁨이 움트도록 정수리부터 발끝까지
짜릿함으로 누비는 것이다
하루가 그랬으리라 믿는 거다
일상의 뒷모습이 내가 바라는 멋진 모습인지 모를 일이다

나는 평생 뉘의 뒷모습에 구속처럼 매료되고
내 뒷모습도 헛헛한 바람이 아닌 당당하리라 자위하며,

한 성체가 네온 빛에 출렁이는
네 뒷모습을 껴안고 눕는다

별게 아닌데

숱한 정자들의 경쟁을 이긴 나를
천우신조라 하지 마라
DNA가 같으니 어차피 '나'였으리라
우주의 작용대로 이루어진 일
그러니 그게 별게 아닌데,

숲길에서 낙엽 하나가 어깨로 툭 떨어진 거나
바람이 불어 발 밑으로 지폐 한 장 굴러온 것도
어느 밥상에 숟가락 하나 추가한 것도
별게 아닌데,

내 공간의 화단에 생각을 정리할 메모장이 있고
돌부리 풀포기 모래흙 하나하나가 모여
시간의 강이 되고 사랑의 호흡이 되고
별을 보고 노래할 하늘이 있다는 것도
별게 아닌데,

시간의 강에 두 발 담글 수 있는 횡재를 얻어
내 어머니를 만났고
애인을 만났고
시인을 만났고
행인 1,2,3을 만난 것도
별게 아닌데,

여권을 찢으며

하늘을 날았던 흔적을 지우는 거다
이국의 땅에 들어서기 위해선
결백하다고, 결백하다고 끊임없이 나를 증명해야 했다
나를 수색하고 내장까지 투시당해야 했던 기록들
이제는 그 모욕의 날짜를 지우는 거다
콧대 높은 비자를 내 손으로 응징하는 거다
식민지 같았던 절름발이 시대의 증명서들
오늘 그 시대를 파쇄하고
일그러진 자존심을 회복하는 거다
나를 의심했던 것에서부터
나를 바로 세우는 일이다
나라를 바로 세우는 일이다
더는 나에 대하여 또 내 나라에 대하여
증명해야 하는 일이 없도록
심히 후대의 유산으로 남기를……

처음처럼

백색은 퇴색되지 않는다
얼룩이 지고 색이 칠해져도 본능은 하얗게 있는 거다
순백의 화선지에 두근두근 밑그림을 그리고
시간을 재워가며 묵색으로 덧칠해 가는
수묵화의 길이다

생애에 졸작은 없는 거다
어느 그림도 저마다 사랑에 당당한 이유가 있고
또 존중받아야 할 인연因緣이기에
밑그림만으로도 명작인 거다
살면서 묵빛은 백색을 밀어내지만
사랑의 본질은 처음을 기억하는 거다

처음은 오지 않는다
그저, 밑그림은 사라진 게 아니라 변질된 우리가
덧칠 위로 숨겨진 처음을 찾는 거다
채도와 명암의 차이뿐
우리는 초연이 백지의 깊은 곳으로 드는 거다
하얗게 살아가는 거다

괴리 乖離

내 위치와 이동 경로는 스마트폰이 일러주고
블랙박스가 기록하네.
포노 사피엔스가 되어버린 지금
내가 내 정보를 제공하고 있네.
X, Y, Z축의 3차원 좌표로 실시간 감시되고,
적어도 나는 전라의 상태의 목표물이네.
비밀경찰이 된 전파는 뇌의 뉴런보다 더
칭칭 동여매어 음과 양, 정과 동,
물질과 비물질을 그대로 포획하고 있네.
세상 어디에 내 정원이 있으랴.
물이 너무 맑으면 물고기가 못산다지.
이온조차 이동을 못 해 전류도 흐를 수 없다지.
전파가 감시하고 있는 물속,
물고기가 물속에 살지 못한다네.
어디로 가야 하느냐? 음·양이 활발한 꽃밭으로 들으리.
살아서 생명력이 너울대는 나만의 꽃밭.
전파가 차폐되어 나를 감지하지 못하는 곳으로
내 발끝은 향하리.
내가 차폐되는 곳, 슬픈 아라비아 공주가 있는
궁전으로 들으리.
쪽방만큼 깊고 좁은 궁전으로······
매월 사용료는 충실히 내는 것으로 한다.

* 포노 사피엔스(Phono sapiens) : 스마트폰 없이는 불안을 느끼는 현대인.

맏딸은

울음과 웃음을
남들보다 더 깊고 진하게 지니고 살아간다
받침 하나 차이지만
둘 다 눈물이 나는 거란다
아주 어려서부터
둘의 눈물의 무게가 다르다는 것을 알았고
맛도 다름을 알았단다
무겁고 쓴 쪽으로 치우치는 거라며
울음이 웃음보다 더 친근하다는 그녀
깊고 너무 옹골지게 다려져서
소리가 나지 않는 거란다
살아가는 데는 웃음보다 울음이 더 좋다는 그녀
이제 그녀에게 조금 남은 웃음은
비구니의 소리 없는 불경이 되었다
불경이 내게로 스미어 온다
우리 사이에 확고한 가늠자는 없지만
둘 다 살아 있음을 말하는 거다
아무렴 사랑이기 때문에 있는 거다.

년도 변경선에서

한 발 디디며 일 년을 건너갑니다
아까운 한 해를 또 써버린 겁니다
무의미한 한 해는 아니었습니다
애쓴 만큼 생의 키는 조금 컸습니다
년도는 바뀌고 시간은 더 빨라질 거라 합니다
우린 그런 시간에
천천히 흐르기로 매번 다짐합니다
한 해를 소비한 만큼 남은 해는 줄었지만
지난 시간보다
남아 있는 시간이 더 중요함을 압니다
여분의 시간,
한껏 아로닉 하며 우주스럽게 살기로 합니다

평론

자아와 우주의 일체화와 주체적인 해석

김관식(시인·문학평론가)

1. 프롤로그

시인이 평범한 사람들과 다른 까닭은 세계를 인식하고 표출하는 방법의 차이 때문이다. 오랜 습작을 거친 시인일수록 동일한 사물을 언어의 정보 전달 기능에 의한 해석에서 정서적이고 미적인 기능을 활성화함으로써 독특한 자기만의 사물인식과 해석을 하게 되는데 이를 그 시인만의 독특한 시 세계라 할 수 있다.

시인에 따라 경험의 각기 다르고 살아온 환경이 달라서 인생을 해석하는 방법이 모두 다르나 사물을 정확하게 인식하고 나름대로 해석이 객관성을 유지할 때 공감을 얻기 마련이다. 김기수 시인은 자아와 우주를 일체화하여 긍정적인 마인드로 주체적으로 해석해내는 천부적인 시적 능력을 갖춘 시인이다. 그것은 시의 생명이라고 할 수 있는 압축과 내면 공간의 자유 분망한 사고를 통해 번뜩이는 언어 감각과 재치로 직관적인 사물 인식하고 해석해 내는 유연성을 보인다는 점에서 확연하게 드러난다.

제1부 「짧아서 좋은」에 실린 33편의 단시와 제2부 「그리워서 좋은」에 실린 내면세계의 갈등을 형상화한 시 28편, 제3부 「우주의 노래가 좋은」에 실린 우주에 대한 시 21편, 제4부 「깊은 생각도 좋은」에 실린 깊은 사유와 해석의 시 19편 등 101편의 시는 긍정적인 내면세계를 표출하기 위해 짧은 서정과 우주의 사유로 외부세계를 관조하여 "자아와 우주의 일체화와 주체적인 해석"으로 객관적인 세계로 나아가기 위한 창문을 활짝 열어놓고 있다.

그의 개성적인 자아와 세계, 우주를 인식하는 독특한 시 세계는 결론을 유보하기 위해 긍정적인 메시지 "좋은"이라는 미종결 형용사로 4개의 토막으로 구획정리해놓고 있다. 자기의 내면세계의 미학적 구상으로 구획정리하여 다양한 언어의 집을 지을 건부지를 정밀하게 살펴봄으로써 그의 시 세계에 근접하기로 한다.

2. 자아와 우주의 일체화와 주체적인 해석

1) 자아와 우주의 미시적 접근과 해석
             - 제1부 「짧아서 좋은」

자아와 우주의 미시적 접근법에 의해 파편화된 이야기들이 내면세계를 순간 포착하여 한 컷으로 간결하게 해석을 내린 시편들이 제1부 「짧아서 좋은」에 실린 33편의 단시들이다. 100세 시대를 상징적으로 암시하는 101편의 인생을 담은 시편 중에서 파편화된 토막이 하루 24시간이다. 하루는 가장 짧은 단위의 삶이지만 가장 귀중한 삶이다. 하루하루가 모여 365일이 되면 1년이 되기 때문이다.

하루는 자아와 우주의 가장 짧은 단위의 파편으로 소중할 수밖에 없다.

어제의 하루를 건넜고
오늘의 하루를 건넙니다
돌다리 미끄러지지 않게 사뿐 사뿐히 건넙니다

오늘 하루도 무진장 소중합니다
－「소중한 하루」 전문

김기수 시인은 시간을 징검다리로 인식하고 "돌다리 미끄러지지 않게" 건너려는 조심성을 보인다. 그것은 하루가 무척 소중하기 때문에 아무렇게나 낭비할 수 없다는 인식은 바로 시인으로서의 알찬 삶을 영위하고자 하는 의지 때문일 것이다. 그 소중한 하루를 「당신」과 함께 사랑하면서 「숨바꼭질」하기도 하고, 「미소」를 지으며, 때로는 「기다림」으로 살아가다가 「폭포」를 보며 절망과 죽음 순간을 목격하기도 하지만 넘어졌을 때 "넘어졌을 때 벌떡 일어나"는 「오뚝이」처럼 중심을 잡고 잡다한 속물적인 세상에서 시인의 꿈을 실현할 「나비」의 진화를 꿈꾸는 시인이 바로 김기수 시인이다.

세간살이 없이도
빨대 하나로 너끈히 살아간다
밥상은 꽃밭이고
식대는 가루받이 수정이다

내 생전에,
나비처럼 진화할 수 있을까
　　　－「나비」 전문

비록 「덤」으로 사는 인생이지만 「이상과 현실」의 괴리감 속에서 "날아야만 새가 되고/ 날아야만 자유가 되는/ 새는 새가 되기 위하여 제 몸을 비워야 했다"는 「새」와 같은 반백의 자화상을 「나비」를 통해 시인으로서의 꿈을 꾸는 것이다.

「나비」는 꽃밭이 밥상이고, 식대가 가루받이 수정이듯이 시인의 일상은 「나비」와 같이 언어의 밭이 밥상이고 식대는 금전적인 가치를 매길 수 없는 우주와의 화해인 것이다. 그래서 시인의 가슴에는 천사와 같이 시를 쓰는 긍정적인 활력이 넘치고 시 한 편을 창작했을 때는 "가루받이 수정"의 완성된 기쁨이 넘치게 되는 것이다. 그는 「나비」처럼 시를 생각하고 시를 쓰는 고통을 인내하며 시 창작의 희열을 방해하는 「권력」을 경멸하며 나비의 꿈을 좇아가는 "자아와 우주의 미시적 접근"하는 자화상을 파편화된 콘택트로 해석하고 있다.

　2) 그리움의 정서를 꿈꾸는 "샹그릴라"의 세계

―제2부 「그리워서 좋은」

　김기수 시인의 그리움은 「바람이 그저」 부는 대로 자신의 속마음을 털어놓지 못한 젊은 날의 마음속에 품은 여인에 대한 애틋한 그리움이다. "내가 용기없이 살며/ 바람에게 아무 말도 못 했던 일"을 회상하며 천성적으로 내향적인 성격을 지닌 자신의 내면세계는 결국 아름다운 토속적인 서정으로 가슴 한 켠에 자리 잡고 있다. 그것은 마치 "얼었던 동토의 고통은 훌쩍 잊은 듯/ 버들가지 파란 물 훑으며/ 햇살의 출처를 쫓는" 「집시의 봄」과 같은 몸살이며, "도시로 간 미경이 댕기머리 흩어 있는/ 안골댁 수수 빗자루가 몽당몽당 닳아있는/ 울 엄마 시집살이 꼬깃꼬깃 배어있는/ 소꿉 살림 사금파리 솥에/ 제비꽃 씨방 꼬들꼬들 밥알 익어가는/ 양지바른 담장 아래로// …중략… 숨이 멎도록 모란 향 흐드러지는 날에는/ 그리워 살갗 돋도록 그립다고/ 버선발 몸으로 그렁그렁 서성입니다."는 「모란꽃 피는 마을」의 어린 시절 토속적인 공간의 서정에 대한 갈망이다.

　　저기
　　빗속으로
　　흐리게 오는 이가 있어
　　그리도 찾던 너,
　　커피 향으로 오시어
　　무지갯빛 되어 가소서
　　　　―「그리움」 전문

과거의 향토적 공간에서 같이 얼굴을 마주하며 살았던 인물들에 대한 행방에 대한 궁금증이다. 도시화의 물결 속에서 뿔뿔이 흩어진 고향의 추억은 그의 뇌리에서 비가 되어 그리움으로 다가오고 "커피 향"으로 다가온다.

그의 이러한 사향의식은 1933년 영국 작가 제임스 힐턴(James Hilton)이 발표한 소설 『잃어버린 지평선(Lost horizon)』에 등장하는 가상의 장소인 히말라야의 유토피아 샹그릴라를 꿈꾼다. 지상의 어딘가에 존재하는 천국으로 샹그릴라 사람들은 평균적인 수명을 훨씬 뛰어넘어 거의 101세 이상의 삶을 살 수 있다고 김 시인은 가정하고 있다. 따라서 이 시집의 시편이 101편인 것은 우연한 일이 아닐 것이다. 서양 사람들이 상상에서 우러난 동양에 대한 이국적 호기심을 담은 이상향으로 샹그릴라 이야기는 티베트 불교에 전승되는 신비의 도시 샹바라에 기초하고 있는데, 동양의 무릉도원과 같은 이상향이라고 볼 수 있다. 그는 이러한 샹그릴라를 시 창작의 미학적인 심리에서 이상향의 모델로 추구하고 갈망하고 있다.

무릎 꿇고
풀에게 약속했어
이슬처럼 고뇌하리

고개 들어
별에게 약속했어
우주스럽게 살리리

가슴 열어
시공으로 저어 들며
풀처럼, 별처럼 사랑하리
모래알처럼 쌓이는
언어, 언어들
샹그릴라로 너를 들이리라
　　－「샹그릴라의 언어」 전문

*샹그릴라(香格里拉) 중국 윈난 성, 제임스 힐턴 소설 '잃어버린 지평선'에서 이상향.

　시를 쓰는 창작행위는 어찌 보면 내면세계와 외부세계와의 치열한 갈등을 수용하는 고통의 행위이다. 따라서 시인은 부단히 사유하고 자신의 존재의의에 대해 갈등하고 확인하기 위해 바벨탑을 쌓는다. 가장 인간이 인간다움을 실현하는 행위가 바로 사유의 행위이며, 인간만이 누릴 수 있는 특권이 바로 생각하는 생활이다. 시인은 바로 생각하는 생활을 실천하는 사람이기 때문에 인간적인 특권을 누리고 있으면서도 가장 고통을 받고 살아가는 사람들이다. 김기수 시인은 이처럼 「샹그릴라의 언어」를 찾아내기 위해 시시포스의 신화를 스스로가 운명처럼 짊어지고 고통스러워하고 있다. 따라서 언젠가는 만인에게 공감을 불러 일으키는 시를 창출해내는 희열을 맛볼 수 있으리라 확신한다. 그의 시는 그리움의 정서를 꿈꾸는 "샹그릴라"의 세계에 대한 갈망이다. 따라서 그는 날마다 「백 년의 일」에 푹 빠져 「십오야」에 「가을앓이」를 해대며 「술」을 마시며 몸부림하는 것이다.

3) 자아와 우주에 대한 끊임없는 성찰과
자기 존재의 확인
－제3부 「우주의 노래가 좋은」

  자아와 우주에 대한 끊임없는 성찰로 자기 존재를 확인하는 작업이 바로 김기수 시인이 시를 쓰는 까닭이다. 그는 반백의 머리카락으로 날밤을 새우며 컴퓨터 자판을 두드리며 시작에 몰두하며 번뜩이는 언어의 섬광을 이따금 발산하곤 한다. 마치 "시공으로 드는 목탁의 울음" 같은 「나이」를 의식하며, "왔던 길로 돌아갈 수 없다 처음의 나에게로 돌아갈 수 없다."는 「뫼비우스의 띠」 같은 「발」 걸음을 걸어가기도 한다. 때로는 「날다가, 날다가」 그만 「삭」처럼 "초하루 밤하늘에 달이 없다고 우기는 건/ 라디오 속에 사람이 있다고 우기는 거와 같다"는 자아를 발견하기도 하고, 자아와 우주간의 풀리지 않는 수수께끼를 해결하기 위해 시공간에 삶으로 존재하는 일상성을 "16층, 엘리베이터에 하루를 싣습니다/ 반 평 남짓 중력이 사라진 공간에서/ 서둘러 내 시간의 속도를 잽니다."라는 「상대성 이론」을 깨닫기도 하며, 「별바라기」를 통해 자아와 우주에 대한 끊임없는 성찰로 자기 존재를 확인하는 것이다.

    어머니는 별에서 오셨고
    나는 어머니에게서 왔습니다

    안개강 건너
    망초꽃 하얗게 어머니는 오시었고

나는 고향 하늘 아래서
은빛 별 하나를 잉태하였습니다
이는 절대의 법칙에게 순응이었습니다

정오의 호수에
침묵의 물빛으로 휘감아 도는 사랑은
어머니의 천지창조였고
별과 나의 존재 이유가 되었습니다
별바라기의 실화입니다

그렇게 내게 별이 되어준 별은
어머니의 꽃이 되어
사자자리 은하강의 주인이 되고
우주의 일원으로 당당히 아로닉을 합니다
단 한 번의 생애입니다

밤의 바다에
이미 정해진 별자리의 전설처럼
억겁으로 이어질 수 있도록

별은 밤의 눈송이처럼 하얀 꿈이 되고 있습니다
온몸으로 나만의 우주를 지켜내고 있는 겁니다
-「별바라기」 전문

「별바라기」는 김기수 시인은 자신을 낳아 준 어머니의 존재가 "별"에서 왔음을 깨닫는다. 이는 어머니를 우주로 인식하기 때문이며 자연의 법칙에 순응하여 태어났

음을 인식한다. "별과 나의 존재"를 동일시하게끔 하는 것은 어머니의 사랑 때문이라고 신화적인 모티브를 차용하여 "별바라기 실화"를 정당화하고 있다. 우주창조의 신화적 모티브를 차용하여 자신의 존재를 "우주의 일원으로 당당히 아로닉을 합니다"라고 자신의 태생을 긍정적으로 인식한다. 따라서 "단 한 번의 생애"이므로 "밤의 바다에/ 이미 정해진 별자리의 전설처럼/ 억겁으로 이어질 수 있도록// 별은 밤의 눈송이처럼 하얀 꿈이 되고 있습니다/ 온몸으로 나만의 우주를 지켜내고 있는 겁니다"로 자기확인의 과업으로서의 "나만의 우주를 지켜내"기 의해 시를 쓰고 있다는 긍지를 보인다.

따라서 존재확인을 위해 「위험한 식탁」에 앉아 "오늘도 위험한 별의 파편을 삼키고 있기"도 하며, 삶과 죽음에 대한 「무서운 교훈」을 돼 내이기도 하는 것이다. 그의 사유는 광활한 우주로 자신의 내면세계의 창문을 활짝 열어두고 있다.

「별이 된 사람」을 통해 "사람아/ 이승에서는 울지 말라/ 별이 되어 내내 눈물 꽃 찬란할 것을/ 영 빛 되어/ 죽어 살아갈 것을"이라는 불교적인 내세에 대한 확신과 자신의 존재에 대한 성찰을 보이고 있다.

4)현실의식과 역사의식의 형상화
　　　　－제4부「깊은 생각도 좋은」

김기수 시인은 감성적인 시인이다. 감성적인 언어로 깊은 사유의 세계를 유영한다. 따라서 그 유영은 단순히 현실을 떠난 아름다운 이상향의 세계를 그려내는 것이 아니라 현실에 바탕을 둔 이상향의 창구를 열어두고 있다.

「절, 절, 절」을 통해 "절망하지 마라/ 절박한 만큼 절정으로 가리라"라는 다짐의 첫 글자를 축약하여 시제를 붙여 절망의 극한점을 지향하기도 하며, 명증한 사회 현실 인식으로 세월호 참사로 꽃다운 나이에 희생한 넋을 위로하고 있다.

신은 왜
못다 핀 꽃들은 무더기로 꺾어버리고
비열한 자에게는 구원을 주셨나요?
물은 왜
생명을 잉태시켜 주더니
또 잔인하게 생명을 거두어 갔나요?

굳게 믿겠나이다
비겁하게 살고자 한 자에겐 고통을
꽃같이 죽은 자에게 영생을 베푸시는 거라 믿으렵니다

세월이 밉다 밉다 하는데
이렇게 미울 줄은, 차마 신에게 따지겠습니다

부디 극락왕생하소서

세월을 당겨 간 우리의 핏빛 꽃들이여!
　　－「신에게, 물에게」 전문

　젊은이들의 죽음을 내버려 두고 자신만의 목숨을 구차하게 살아남은 세월호 선장과 원들에 대한 비판의식과 죽은 자들에 대한 연민을 함께 기도문으로 풀이한 시이다. 많은 시인이 세월호 참사에 대한 시로 그들의 죽음을 애도했다. 김기수 시인도 그들의 죽음을 애도하고 있다.

　또한, 지구촌이 한 가족이 되어 나라와 나라 사이에 사람들의 왕래가 빈번한 요즈음 지구촌 사람들은 시공간의 제약을 과학기술로 넓혀 단시간에 먼 나라를 여행하기에 이르렀다. 따라서 옛날보다 더 많은 공간을 오가며 그것도 이른 시간에 목적지에 도착하는 등 시간을 정복했으나 주어진 인간 생명의 시간은 한정되어 있다. 물론 옛날보다 의학기술의 발달과 풍족한 섭생으로 평균수명이 100세 시대를 누리게 된 시대다. 그러지만 지구 상의 나라와 나라 사이에 전쟁이 끊일 날이 없고 과학 문명은 인간의 사생활을 침해하기에 이르렀다. 갈수록 편리한 생활을 추구한 나머지 첨단 미디어 매체의 발달은 인간을 수동적인 인간으로 만들어 내고 있다. 따라서 안락한 물질주의적인 감각적인 생활에 빠져 생각하기를 싫어하고 텔레비전 등의 대중매체가 조정에 따라 움직이는 수동적인 나약한 인간으로 전락하고 있다. 심지어 기억력까지 컴퓨터와 핸드폰의 저장기능에 의존하는 삶을 살아가는 것이 현대인의 삶이다. 그는 이러한 생활에서 깊은 사유의 삶을 살아가려고 시를 쓰고 있다.

하늘을 날았던 흔적을 지우는 거다
이국의 땅에 들어서기 위해선
결백하다고, 결백하다고
끊임없이 나를 증명해야 했다
나를 수색하고 내장까지 투시당해야 했던 기록들
이제는 그 모욕의 날짜를 지우는 거다
콧대 높은 비자를 내 손으로 응징하는 거다
식민지 같았던 절름발이시대의 증명서들
오늘 그 시대를 파쇄하고
일그러진 자존심을 회복하는 거다
나를 의심했던 것에서부터
나를 바로 세우는 일이다
나라를 바로 세우는 일이다
더는 나에 대하여 또 내 나라에 대하여
증명해야 하는 일이 없도록
심히 후대의 유산으로 남기를……
- 「여권을 찢으며」 전문

  공항의 검색대에서 나라 간의 보안 검색이 행해지고 나라에 따라 개인의 프라이버시를 침해당하기까지 하는 일이 다반사다. 특히 우리나라와 외교관계가 두텁지 못한 나라라든가 후진적인 나라를 방문할 때 많은 고초를 겪기도 하는 것이 다반사이다. 나라가 바로 서지 못하면 "더는 나에 대하여 또 내 나라에 대하여/ 증명해야 하는 일이" 생겨날 수도 있다.

  그는 「여권을 찢으며」 자존심을 회복하려고 한다. 그

것은 관계의 평등을 지향을 위한 몸부림이며 약소국가의 국민이 겪는 설움일 것이다.

 그는 분명 깊은 사유를 통해 강대국 간의 외교 마찰에 대한 냉철한 역사의식을 보이고 있다.

3. 에필로그

 김기수 시인은 천성적으로 시인의 운명을 지니고 숙명처럼 살아가는 시인이다. 이번에 상재한 김기수 세 번째 시집 『별바라기』에 수록된 101편의 시에서 그는 "자아와 우주의 일체화와 주체적인 해석"이라는 시 세계를 보여주었다.

 그는 우주를 가슴 속에 품고 깊은 사색의 보따리를 가득 짊어지고 긍정적으로 세상을 따뜻하게 바라보며 살아가는 시인이다. 그의 시 세계를 구획정리한 구역을 통해 요약하면 다음과 같다.

 첫째, 제1부 「짧아서 좋은」에 실린 33편의 단시에서는 자아와 우주의 미시적 접근법에 의해 파편화된 이야기들이 내면세계를 순간 포착하여 한 컷으로 간결하게 해석을 내리고 있다.

 둘째, 제2부 「그리워서 좋은」에 실린 내면세계의 갈등을 형상화한 시 28편에서는 그리움의 정서를 꿈꾸는 "샹그릴라"의 세계를 그리고 있다. 그리움의 정서를 꿈꾸는 "샹그릴라"의 세계에 대한 갈망이다. 따라서 그는 날마다

「백년의 일」에 푹 빠져 「십오야」에 「가을 앓이」를 해대며 「술」을 마시며 몸부림한다.

셋째, 제3부 「우주의 노래가 좋은」에 실린 우주에 대한 시 21편에서는 자아와 우주에 대한 끊임없는 성찰과 불교적인 내세에 대한 확신을 보이며, 자신의 존재에 대한 성찰을 보이고 있다.

넷째, 제4부 「깊은 생각도 좋은」에 실린 깊은 사유와 해석의 시 19편에서는 냉철한 현실의식과 역사의식을 형상화하고 있다.

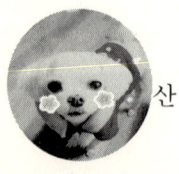